BEI GRIN MACHT SICH IHR WISSEN BEZAHLT

Persönlichkeitspsychologie. Borderline-Persönlichkeitsstörung, Persönlichkeit und Gesundheit sowie das Big Five Modell

Louisa Papke

Bibliografische Information der Deutschen Nationalbibliothek:

Die Deutsche Nationalbibliothek verzeichnet diese Publikation in der Deutschen Nationalbibliografie; detaillierte bibliografische Daten sind im Internet über http://dnb.d-nb.de abrufbar.

ISBN: 9783346592927
Dieses Buch ist auch als E-Book erhältlich.

© GRIN Publishing GmbH
Nymphenburger Straße 86
80636 München

Druck und Bindung: Books on Demand GmbH, Norderstedt Germany
Gedruckt auf säurefreiem Papier aus verantwortungsvollen Quellen

Das Buch bei GRIN: https://www.grin.com/document/1172600

Einsendeaufgabe von Louisa Papke

Alternative B

Eingesandt: 24.4.2021

SRH Fernhochschule Riedlingen

Modul: Persönlichkeitspsychologie

Studiengang: Gesundheitspsychologie und Prävention

Inhaltsverzeichnis

Abkürzungsverzeichnis

z.B.	zum Beispiel
WHO	Weltgesundheitsorganisation
BGM	Betriebliches Gesundheitsmanagement
bzw.	beziehungsweise
DSM	Diagnostic and statistical Manual of Mental Disorders
ICD	International Statistical Classification of Diseases and Related Health
Neo-PI	Neo Personality-Inventory
Neo-PI-R	Revised Neo-Personality-Inventory
Neo-FFI	Neo-Five-Factor-Inventory
BPS	Borderline-Persönlichkeitsstörung

1. Teilaufgabe B1

1.1. Aufgabenstellung

Im folgenden Kapitel sollen die klassischen Gütekriterien für Testverfahren, die bedeutsam für die Qualität der Testungen sind, am Beispiel von Persönlichkeitstest erläutert werden. Das Unterkapitel 1.2. befasst sich mit der Borderline-Persönlichkeitsstörung und der dafür geeigneten Diagnostik.

1.2. Gütekriterien für Testverfahren

Persönlichkeitstest sind psychologische Testverfahren zur Erfassung dispositioneller Persönlichkeitseigenschaften. Sie beruhen in der Regel auf Einschätzungen bzw. Urteilen und können projektiv oder psychometrisch konstruiert sein. In der Persönlichkeitspsychologie werden mehrfach standardisierte Fragebögen eingesetzt. In ihnen wird jedes zu erfassende Persönlichkeitsmerkmal durch zahlreiche Items repräsentiert.[1] Im Nachfolgenden werden die klassischen Testgütekriterien anhand von Persönlichkeitstests erläutert.

1.2.1. Objektivität

Ein wesentliches Gütekriterium ist die Objektivität eines Tests, da sie die Vergleichbarkeit von Testleistungen verschiedener Testpersonen sicherstellt. Definitionsgemäß bedeutet Objektivität, dass die Ergebnisse eines diagnostischen Verfahren's zustande kommen, unabhängig wer die Untersuchung, die Auswertung und die Interpretation durchführt.[2] Demnach gibt es drei unterschiedliche Störfaktoren: Durchführung, Auswertung und Interpretation.[3] Diese drei Unterformen der Objektivität sind wichtige Elemente des diagnostischen Verfahrens und müssen im Manual dokumentiert werden. Zur Gewährleistung der Durchführungsobjektivität muss das Verfahren eines Testvorgangs konstant auf die gleiche Weise durchgeführt werden und darf nicht vom Testleiter abhängig sein. Zusätzlich werden im Test genaue Anweisungen gegeben, welche sich auf das Testmaterial, die Instruktion und die Zeitbegrenzung erstrecken. Durch das Standardisieren von Antwortmöglichkeiten denen numerische Werte zugeordnet werden, kann eine hohe Auswertungsobjektivität

---

[1] Vgl. Schmidt-Atzler & Amelung, 2018, S. 240
[2] Vgl. Moosbrugger Kelava, 2011, S.8
[3] Vgl. Schmidt-Atzler & Amelung, 2018, S.133

gegeben werden. [4] Im Grad der Übereinstimmung lässt sich das Ausmaß der Auswertungsobjektivität, messbar angeben. [5] Die Interpretationsobjektivität gewährleistet, dass Ergebnisse trotz unterschiedlicher Testauswertern, zu demselben Ergebnis kommen. Gründe für diese Annahme sind, klare Regeln für die Durchführungs- und Auswertungsvorschriften der Testinterpretation.

1.2.2. Reliabilität

Die Reliabilität dagegen beschreibt den Grad der Genauigkeit, mit dem ein Test ein bestimmtes Persönlichkeits- oder Verhaltensmerkmal hinsichtlich Zuverlässigkeit und Fehlerfreiheit der Messoperation misst. [6] Verschiedenartige Erkenntnisse über Testungen oder diagnostische Verfahren entstehen durch unterschiedliche Schätzmethoden. Diese Methoden werden im Folgenden vorgestellt. Eine Methode zur Schätzung der Reliabilität ist die Testwiederholung, genannt auch Retest-Verfahren. [7] Um die Reliabilität nach dem Retest-Verfahren zu bestimmen, wird zu zwei verschiedenen Zeitpunkten ein und derselbe Test durchgeführt, so kann die Reliabilität über die Zeit gemessen werden. Dieser Vorgang ist besonders wichtig für ForscherInnen, die sich mit zeitlich relativ konsistenten Einstellungen und Verhaltensweisen beschäftigen. Ursächlich hierfür sind unterschiedliche Einflüsse, die sich Reliabilitätsverändernd z.B. bei Persönlichkeitsmerkmalen nach einem Zeitabstand auswirken können. Charter (2003) hat aus unterschiedlichen Bereichen zwischen den Jahren 1960 und 1990 Informationen über die Retest-Reliabilität von Tests gesammelt. Der Zusammenhang zwischen der Höhe der Koeffizienten und dem Publikationsjahr war nur minimal und nicht signifikant. Für Persönlichkeitstest wurde eine durchschnittliche Retest-Reliabilität von .79 (SD= .13) festgestellt. Die mittleren 50 % der Werte lagen in dem Bereich zwischen .71 und .86. Mit der Metaanalyse von Roberts und DelVecchio (2000) liegt für den Persönlichkeitsbereich eine weitaus differenzierte Betrachtung vor. Sie fanden heraus, dass das Alter der Testpersonen einen hohen Einfluss auf die Höhe der Koeffizienten hat. So sind z.B. Persönlichkeitsmerkmale stabiler, umso älter die Person ist. [8] Spricht man von interner

---

[4] Vgl. Schmidt-Atzler & Amelung 2018, S.134
[5] Vgl. Schmidt-Aztler & Amelung 2018, S.135
[6] Vgl. Hossiep & Mühlhaus ,S. 56
[7] Vgl. Schmidt-Atzler& Amelung 2018, S. 137
[8] Vgl. Schmidt-Atzler & Amelang 2018, S. 137

Reliabilität werden alle Aspekte eines Testverfahrens so zusammenwirken, dass dieselbe Eigenschaft gemessen wird. Eine hohe Interkorrelation der Items kann erwartet werden, wenn die Items gut an der Messung ein und desselben Konstrukts zusammenhängen.[9] Eine weitere Methode zur Schätzung der Reliabilität ist die sogenannte Testhalbierungs-Reliabilität bei der ein Test in zwei möglichst parallele Testhälften geteilt wird. Dabei wird die Testhalbierungs-reliabilität (Split-Half-Reliabilität) als Korrelation der beiden Testhälften be-stimmt. Eine Vorrausetzung bei diesem Konzept ist jedoch, dass die Homogeni-tät und Anzahl der Items eine Aufteilung in zwei Hälften erlauben. Im Unterschied zur Testhalbierungs-Reliabilität dient der Paralleltest der Reliabilität dafür, dass bestimmte reliabilitätsverändernde Einflüsse in Folge von Übungs- und Erinne-rungseffekten oder auch Merkmalsveränderungen eliminiert bzw. kontrolliert wer-den können. Wenn zwei Testformen trotz identischer Itemstichproben zu glei-chen wahren Werten und Varianzen der Testwerte führen, sind sie Parallel. Ein weiteres Gütekriterium ist die Validität, die im folgenden Abschnitt erläutert wird.[10]

1.2.3. Validität

Wenn ein Test das misst, was er zu messen vorgibt, gilt er als Valide (gültig). Dabei handelt es sich um ein Urteil, wie angemessen bestimmte Schlussfolge-rungen vom Testwert auf das Verhalten, außerhalb des Tests oder auf das Merkmal einer Person, zu ziehen sind.[11] Folgende Validitätsaspekte werden im Anschluss erläutert, die für ein differenziertes Bild der Gültigkeit eines Tests bedeutsam sind. Zu den ersten Validitätsaspekten gehört die Inhaltsvalidität. Diese definiert sich damit, dass sie aussagt, wie repräsentativ die Items eines Tests für das zu messende Merkmal sind. Bei der Inhaltsvalidität stellen die Testitems eine repräsentative Stichprobe aus dem Itemuniversum da, mit dem das interessierende Merkmal erfasst werden kann. Unterstützend ist es, wenn die Items einen Ausschnitt aus dem Verhaltensbereichen darstellen. So lässt sich eine Aussage konkreter überprüfen. Eine Maßnahme wäre die Einsetzung von Fragebögen, zur Feststellung von bestimmten psychischen Störungen, als Folge von z.B. Depressionen. Um eine Störung diagnostizieren zu können, wurde bei

---

[9] Vgl. Becker 2014, S.108
[10] Vgl. Schmidt-Atzler & Amelung 2018, S.140
[11] Vgl. Schmidt-Atzler & Amelung 2018, S. 142

psychischen Störungen mit den Diagnosesystemen DSM-IV und ICD-10 ein Konsens herbeigeführt. Spricht man von Kriteriumsvalidität wird angegeben, in welchem Ausmaß das Testergebnis und die konkreten Leistungen oder Verhaltensweisen außerhalb der Testsituation zusammenhängen. Unter Konstruktvalidität versteht man, dass ein Test nur das Konstrukt erfasst, was erfasst werden sollte. Hierfür sind gut definierte Konstrukte eine unabdingbare Voraussetzung. Das heißt die Konstruktvalidität ist vorhanden, wenn z.b. der Rückschluss vom Verhalten der getesteten Person auf vorhandene psychologische Persönlichkeitsmerkmale, (Konstrukte) wie Fähigkeiten und Charaktereigenschaften, wissenschaftlich gegeben sind. Für die Erfassung des Zusammenhangs mit weiteren Indikatoren des Konstrukts ist die konvergente Validität von Bedeutung. Hier besteht die Möglichkeit, das Ausmaß der Übereinstimmung der Testergebnisse für gleiche oder ähnliche Merkmale zu ermitteln. Die diskriminante Validität bezeichnet den Zusammenhang mit Indikatoren anderer Konstrukte. Bei einem Test muss deutlich erkennbar sein, dass das zu messende Merkmal eines Test´s für andere Merkmale abgegrenzt ist. Um die diskriminante Validität nachzuweisen, ist es erforderlich, dass der validierende Test nicht nur mit konstruktfernen Tests verglichen wird, sondern auch zu konstruktnahen Tests in Bezug gesetzt wird. [12]Die Validität eines Tests ist das wichtigste Gütekriterium hinsichtlich der Testpraxis, da die angegebenen Kennwerte zur Beurteilung der Gültigkeit eines Testverfahren, einen fundierten Einsatz erst ermöglichen. Die Gütekriterien Objektivität und Reliabilität liefern günstige Vorrausetzungen für eine hohe Validität, da ein Test der eine niedrige Reliabilität aufweist keine hohe Validität haben kann. Die Normierung gehört zum letzten klassischen Gütekriterium, die im Weiterem genauer erläutert wird.

1.2.4. Normierung

Die Normierung, auch Eichung eines Tests, liefert ein Bezugssystem um Vergleichswerte zu erhalten. Besonders zur Individualdiagnostik sind Normen wichtig. Die Eichung gibt die Möglichkeit, Ergebnisse einer Testperson im Vergleich zu Merkmalsausprägungen anderer Personen, eindeutig einzuordnen und zu interpretieren. Bei der Normierung werden transformierte Werte genutzt. In der Transformation unterscheidet man unter Äquivalentenormen, Variabilitäts- oder

---

[12] Vgl. Moosbrugger & Kelava 2011, S.16

Abweichungsnormen und Prozentrangnormen. [13] Im Folgenden wird auf den Begriff, die Definition und die Diagnostik der BPS eingegangen.

1.3. Borderline-Persönlichkeitsstörung

1.3.1. Begriff und Definition der Borderline-Persönlichkeitsstörung

Der Begriff „borderline: Grenzlinie" wurde 1938 von Adolf Stern geprägt und basiert auf einem von Sigmund Freud entwickelten psychoanalytischen Grundverständnis. Die Störung definierte Sigmund Freud als ein „psychisches Kontinuum zwischen Neurose und Psychose". Borderline kann definitionsgemäß als eine unscharfe und sich ändernde Grenzlinie zwischen Neurose und Psychose betrachtet werden. [14] Heutzutage gilt die ursprüngliche Bedeutung des Wortes nicht mehr, jedoch können sich Betroffene sehr gut mit der Wortbedeutung identifizieren, da sie selbst Grenzverletzungen erlebt haben und zum anderen für sich als Person Grenzen schwer setzen können.[15] Heute gilt die Borderline Persönlichkeitsstörung nach dem Klassifikationssystem der WHO als eine Unterform der emotionalen instabilen Persönlichkeitsstörung. Die Borderline Persönlichkeitsstörung ist durch Impulsivität, einer Instabilität von Emotionen, der Identität und zwischenmenschlicher Beziehungen gekennzeichnet. Die WHO unterscheidet zwischen zwei Borderline Typen: dem Impulsiven, der durch Impulsivität und Unberechenbarkeit auffällt und den Borderline Typ, der durch ein gestörtes Selbstbild und Beziehungsverhalten geprägt ist. Typische Merkmale und Verhaltensweisen einer Borderline Persönlichkeitsstörung können z.B. ein verringertes Schmerzgefühl durch stressabhängige Reaktionen sein, Schuld- und Selbstverachtung, rapides Ändern von Emotionen, Selbstverletzungen wie Ritzen, Drogenkonsum, gefährliche Verhaltensweisen in Folge von Rasen auf der Autobahn, innerliche Zerrissenheit, ein gestörtes Selbstbild, eine gestörte Körperwahrnehmung, sowie massive Ängste vor dem Alleinsein und instabilen Beziehungen. Diese Gefühlswelten erschweren den Betroffenen massiv ihr Beziehungsleben. Die Betroffenen stellen sich meist selbst als Opfer ihrer eigenen Stimmungs-und Gefühlsschwankungen da, wodurch eine extreme innerliche Anspannung entstehen kann. In den letzten Jahren ist das Wissensbild über das Erkrankungsbild

---

[13] Vgl. Schmidt-Atzler & Amelung 2018, S.164
[14] Vgl. Arbeitskreis Leben Freiburg (AKL) 2001
[15] Vgl. Psychatrienetz 2021

erheblich gestiegen. So wurde festgestellt, dass frühe traumatische Erfahrungen und genetische Faktoren für die Entstehung von Borderline mit verantwortlich sein können. Inzwischen sind 2% in Deutschland von einer Borderline Persönlichkeitsstörung betroffen. Speziell junge Menschen leiden unter der Krankheit.

1.3.2. Diagnose der Borderline- Persönlichkeitsstörung

Anhand des ICD-10 (International Statistical Classification of Diseases and Releted Helth Problems) und dem DSM-IV (Diagnostische und Statisches Manual für psychische Störung der American Psychiatric Association) können psychische Störungen diagnostiziert werden.[16] Eine darunter zählende psychische Störung ist die Borderline-Persönlichkeitsstörung. Die Borderline-Persönlichkeitsstörung ist ein komplexes Krankheitsbild, das anhand verschiedener Verhaltensweisen und Persönlichkeitszügen diagnostiziert werden kann.[17] Die Diag-nostik erfolgt anhand des DSM-IV-Handbuch in zwei Stufen. In der ersten Stufe wird festgestellt, ob allgemeine Kriterien der Persönlichkeitsstörung vorliegen, wenn dies der Fall ist, wird der Persönlichkeitstyp festgellt. Fünf der neun aufge-führten Kriterien müssen erfüllt werden, damit eine Borderline-Störung vorliegt:[18]

1.Verzweifeltes Bemühen, reales oder imaginäres Alleinsein zu verhindern

2.Ein Muster von instabilen und intensiven zwischenmenschlichen Beziehungen

3. Identitätsstörungen: Eine ausgeprägte Instabilität des Selbstbildes

4.Impulsivität in mindestens zwei potentiell selbstbeschädigenden Bereichen

5. Wiederkehrende Suiziddrohungen, -andeutungen oder –versuche

6. Affektive Instabilität

7. Chronisches Gefühl der Leere

8. Unangemessen starke Wut oder Schwierigkeiten

9. Vorübergehende stressabhängige paranoide Vorstellungen

Für die Diagnose muss ein tiefgreifendes Muster von Instabilität im Selbstbild, in zwischenmenschlichen Beziehungen sowie ein stark ausgeprägtes impul-

---

[16] Vgl. Borderline Netzwerk e.V. 2016
[17] Vgl. Herpertz, 2020
[18] Vgl. Borderline Netzwerke.e.V. 2016

sives Verhalten vorliegen. Die Verhaltensweisen zeigen sich größtenteils über einen längeren Zeitraum und haben sich bereits in der Pubertät abgezeichnet. Damit eine Persönlichkeitsstörung klar diagnostiziert werden kann, ist stets zu beachten, dass es sich um ein überdauerndes Verhaltensmuster handelt. Es tritt nicht infolge von physiologisch wirkenden Substanzen, Hirnschädigungen, Krankheiten oder als Ergebnis einer anderen Persönlichkeitsstörung auf.

2. Aufgabe B2

2.1. Aufgabenstellung

Im ersten Abschnitt der 2. Teilaufgabe wird der Zusammenhang zwischen Persönlichkeit und Gesundheit, anhand von vier verschiedenen Modellen, verdeutlicht. Weiterhin wird auf den Zusammenhang zwischen Persönlichkeitsmerkmalen und Krankheit eingegangen und das Kohärenzgefühl und dessen Anwendung im BGM erläutert.

2.2. Der Zusammenhang zwischen Persönlichkeit und Gesundheit

Die Persönlichkeit und die Gesundheit eines Menschen gehören unabdingbar zusammen und können sich auf verschiedenen Wegen miteinander begegnen Bis zum heutigen Zeitpunkt gibt es allerdings noch keinen fest dokumentierten Zusammenhang zwischen Persönlichkeit und Krankheit. Jedoch spielen Persönlichkeitsanteile eine ausschlaggebende Rolle für die Entwicklung von Krankheiten. Denkprozesse können Krankheiten blockieren oder in eine positive Richtung ziehen.[19] Von Suls und Rittenhouse (1995) sowie Smith und Willams (1992) wurden hierzu vier mögliche Modelle für den Zusammenhang zwischen Persönlichkeit und Gesundheit bzw. Krankheit vorgeschlagen. **Der erste Ansatz** geht davon aus, dass Persönlichkeitseigenschaften als biologisch basierte individuelle Unterschiede verstanden werden, die eine kausale Rolle in Bezug auf Krankheit und Gesundheit spielen. Demnach kann davon ausgegangen werden, dass die Entwicklung psychischer Erkrankungen direkt von der Persönlichkeit einer Person beeinflusst wird. [20]Typ-A Persönlichkeiten sind z.B. einer doppelt so großen Gefahr ausgesetzt, an koronaren Herzkrankheiten

---

[19] Vgl. Kreddig&Karima 2013, S.137
[20] Vgl. Maltby et al ,2011, S. 852

zu leiden. Dies bestätigte die Western Collaborative Group Study. Probanden, die in einem zuvor absolvierten Interview, als Typ-A Persönlichkeit identifiziert wurden, hatten ein höheres Risiko, koronare Herzerkrankungen zu bekommen. Ursächlich hierfür sind deren Persönlichkeitseigenschaften, w.z.B. erhöhter Stresskonsum, stark ausgeprägter Arbeitseinsatz, Feindseligkeit und ein hoher Ehrgeiz. Auslöser für die Untersuchung waren Friedman und Rosenman, zwei amerikanische Kardiologen, die 1974 begannen, dieses Konstrukt als Risikofaktoren für Herzkrankheiten zu untersuchen. Die klassischen Risikofaktoren hatten sich nicht als ausreichend erwiesen, um das Auftreten von Herzkrankheiten vorherzusagen.[21] **In einer zweiten Theorie** wird kein kausaler Zusammenhang angenommen, sondern ein korrelativer zwischen Persönlichkeit und Gesundheit. Hierbei sollen biologische Ursachen einen konkreten Einfluss auf die Gesundheit, Krankheit und das Krankheitsrisiko haben. Nach dieser Theorie, würde dasselbe Gen, dass zum Beispiel Bluthochdruck begünstigt, ebenso dazu führen, hitzköpfig zu sein. **In der dritten Konzeption** werden die Verhaltensweisen als moderierende Variable beim Zusammenhang zwischen Persönlichkeit und Gesundheit beschrieben. In diesem Modell wird davon ausgegangen, dass bestimmte Verhaltensweisen von Personen z.B. in Form von erhöhtem Konsum von Alkohol, Drogen, Rauchen oder eine ungesunde Ernährung, stets einen Einfluss auf die Gesundheit und das Erkrankungsrisiko haben können.[22] Die „Global Burden of Diseases, Injuries and Risk Factors Study" verfolgt das Ziel, den Einfluss verschiedener Risikofaktoren auf vorzeitige Sterblichkeit, sowie das Ausmaß der Verminderung beschwerdefreier Lebensjahre zu messen und in Zahlen zu fassen. Die oben genannten Verhaltensweisen zählen unteranderem zu den häufigsten Risikofaktoren im Jahr 2015. **Im vierten Modell** von Smith und Williams sowie von Suls und Rittenhouse geht es um Persönlichkeitsveränderungen, die in Folge einer Erkrankung einen Zusammenhang zwischen Gesundheit und Persönlichkeit aufzeigen.[23] Starke Akne oder Neurodermitis können niedrige Werte auf der Dimension der Extraversion aufweisen. Durch Minderwertigkeitsgefühle bezüglich ihres Erscheinungsbildes

---

[21] Vgl. Rosenman et al, 1975, zitiert nach Maltby et 2011, S. 858

[22] Vgl. Maltby et al ,2011, S. 852

[23] Vgl. Becker 2014, S. 26

kann ein Unwohlsein bei Betroffenen auftreten. Auf Grund ihrer Angst vor der Reaktion Anderer und zum Schutz vor sich selbst, ziehen sie sich aus dem sozialen Umfeld zurück. Studien haben hierbei festgestellt, dass Menschen mit Akne häufiger an Depressionen leiden, als Menschen ohne. An diesem Beispiel wird deutlich, dass akute gesundheitliche Krisen, meist Auslöser für eine psychische Erkrankung sind und mit akuten Krankheiten auch eine Persönlichkeitsveränderung einhergeht. **Diese Kernbotschaften** der Ansätze, stellt die verschiedenen Interpretationsmöglichkeiten einer Beziehung zwischen Persönlichkeitseigenschaften und dem Gesundheitsmaß da. Zusammenfassend ist festzustellen, dass die Zusammenhänge zwischen Persönlichkeit und Gesundheit im Kontext zueinanderstehen.[24] Im folgendem Unterkapitel wird auf den Zusammenhang zwischen Persönlichkeitsmerkmalen und Krankheiten eingegangen.

2.3. Der Zusammenhang zwischen Persönlichkeitsmerkmalen und Krankheiten

Persönlichkeitsmerkmale, können sich einerseits förderlich und anderseits gefährdend auf die Gesundheit des Menschen auswirken. Diese Merkmale werden in der Wissenschaft als Schutz und Risikofaktoren bezeichnet und lassen sich in zwei Hauptbereiche einordnen. Der erste Bereich umfasst kognitive Merkmale (habituelle Überzeugungen und Erwartungen), der zweite Bereich affektive Merkmale (Erleben und Regulation von Emotionen). Die im Folgenden aufgeführten Persönlichkeitsmerkmale werden als mögliche Einflussfaktoren der Gesundheit betrachtet.[25]

Zu den Gesundheitsrelevante kognitiven Merkmalen gehören:

Optimismus/Pessimismus: Personen haben eine allgemeine, positive Ergebnis- und Zukunftserwartung, unabhängig der eigenen Anstrengung. Positive Ereignisse werden internalen, stabilen und globalen Ursachen zugeschrieben, negative Ereignisse externalen instabilen und spezifischen Ursachen.[26] Studien zeigten hierbei, hohe positive Zusammenhänge zwischen Optimismus und subjektiven Wohlbefinden. Dies gilt auch für die körperliche Gesundheit, hierzu

---

[24] Vgl. Hupertz, 2019
[25] Vgl. Vgl. Weber & Salewski 2009, S.74
[26] Vgl. Hoyer & Yorck Herzberg 2009, S. 68

lassen sich allerdings weniger Studien aufweisen. [27]

Selbstwirksamkeitserwartung: wird auch Kompetenzerwartung oder Selbstüberzeugung genannt. Sie dient dafür, dass Personen mit ihrem eigenen Vertrauen in sich selbst und eigener Überzeugung in der Lage sind, schwierige Situationen mit den eigenen Kompetenzen zu bewältigen. Als ein wichtiger Prädiktor erweist sich die Selbstwirksamkeit besonders für ein positives Gesundheitsverhalten, beispielsweise wenn eine Person ein Diätprogramm durchstehen möchte.

Kohärenzsinn (sense of coherence, SOC): wird auf Seite 15 erläutert.

Kontrollüberzeugung: Personen glauben, dass die für ihr Leben wichtigen Ereignisse, durch eigene Leistungen bzw. eigenes Verhalten beeinflusst werden können (internale Kontrollüberzeugung) [28] Personen mit externaler Kontrollüberzeugung glauben, dass Ereignisse durch Zufall, Schicksal oder anderer Personen bestimmt werden. [29]

Feindseligkeit (Misstrauen): bedeutet, anderen Menschen mit einer feindseligen misstrauischen Grundstimmung gegenüberzutreten, da die Annahme besteht, das andere Menschen negative Absichten verfolgen.[30]

Soziale und wahrgenommene Unterstützung: bedeutet, dass Betroffene bei emotional belastenden Situationen, Unterstützung von anderen auf emotionaler Ebene bekommen. Als Gegensatz erweist sich die wahrgenommene Unterstützung, die mit Zuwendung und Hilfestellung unterstützend zur Seite steht. [31]

Stressbewältigung: umfasst Methoden, Tricks und Hilfsmittel die zum Ziel haben, besser mit Stress und ausgesetzten Druck umzugehen. Sie dienen dazu, emotionale Belastung abzubauen und das aus den Fugen geratene Wohlbefinden wiederherzustellen.

Gesundheitsrelevante affektive Merkmale:

Neurotizismus: sind Personen, die vermehrt zu negativen Emotionen in Form von Ängstlichkeit, zu Niedergeschlagenheit, zu geringem Selbstwertgefühl und

---

[27] Vgl. Vollmann & Weber 2005, S. 527
[28] Vgl. Vgl. Weber & Salewski 2009, S.74
[29] Vgl. Becker 2014, S. 36-37
[30] Vgl. Weber & Vollmann 2005, S. 528
[31] Vgl. Becker 2014, S. 33-34

zu erhöhten Stressreaktionen neigen. Sie berichten vermehrt von körperlichen Symptomen, auch wenn keine objektiven Befunde vorliegen. Diese negativen Emotionen stellen Risikofaktoren für mangelndes Wohlbefinden da und können im Bereich koronarer Herzerkrankungen zum erhöhten Risiko führen. [32]

Emotionsregulation: Durch kognitive Umstrukturierungen w.z.b. Ablenkung, Humor oder Distanzierung können Stresssituationen vermieden werden, so dass sich keine negativen Emotionen bilden. Pauschal gilt dieses Verhalten als positiv, jedoch wirken sich langfristig bewusste Unterdrückungen von erlebten Stressemotionen folglich negativ auf die Gesundheit bzw. Krankheit aus.

Feindseligkeit (Ärger): Feindseligkeit gegenüber anderen Personen, die in einer erhöhten Neigung zu Ärger, einer unzureichenden Regulation von Ärger und einem offenen Ausdruck von Ärger zum Ausdruck kommt.

Typ-A-Verhaltensmuster: Unter Personen mit diesem Verhaltensmuster wird eine starke Ausprägung des Ehrgeizes und des damit verbundenen Wettbewerbs- /Leistungsstreben verstanden. Sie neigen zu Aggressivität, Ärger, Feindseligkeit, sowie das Streben nach Perfektionismus, Ungeduld und Rastlosigkeit. Die Verhaltensmuster, Ärger und Feindseligkeit stellen vermehrt Risikofaktoren in Folge von Bluthochdruck und koronarer Herzerkrankungen da. [33]

Typ-B-Verhaltensmuster: Dieses Verhaltensmuster entspricht einem entspannten, ruhigen Zustand, ohne Wettbewerbsstreben, Leistungs- und Machtorientiertheit. Dieses Verhalten wirkt sich vermehrt förderlich auf die Gesundheit aus. [34]

Typ-C-Verhaltensmuster: Diese Personen sind freundlich und werden als sozial angenehm beschrieben. Jedoch neigen Personen dieser Art zur Unterdrückung negativer Emotionen und Gefühlen. [35]

Typ-D-Verhaltensmuster: Dieser Typus neigt vermehrt zu einer erhöhten negativen Affektivität (D=distressed), Reizbarkeit, Schüchternheit und sozialer Gehemmtheit. Um im sozialen Umfeld nicht abgelehnt zu werden, wird der

---

[32] Vgl. Weber & Vollmann 2005, S. 529
[33] Vgl. Weber & Vollmann 2005, S. 530
[34] Vgl. Becker 2014, S. 40-42
[35] Vgl. Weber & Vollmann 2005, S. 530

Emotionsausdruck unterdrückt. [36] Im Folgenden, wird der **Kohärenzsinn**, der zum Hauptbereich der kognitiven gesundheitsrelevante Persönlichkeitsmerkmalen gehört, näher erläutert und im Anschluss auf dessen Anwendung im BGM eingegangen.

2.3.1. Konzept des Kohärenzsinns und dessen Anwendung im BGM

In den Gesundheitswissenschaften galt Aaron Antonovsky mit dem Konstrukt der Salutogenese als Vorreiter, denn sein Modell löst sich von dem Gedanken ab, entweder gesund oder krank zu sein. Für ihn sind Krankheit (Pathogenese) und Gesundheit (Salutgenese) Extrempole oder Endpunkte auf einer Linie. Mit der Entwicklung des sogenannten Salutogenesemodells versucht der Medizinsoziologe und Stressforscher Aaron Antonovsky die Frage zu beantworten, was hält Menschen trotz einer Vielzahl negativer Einflussfaktoren gesund und wie kann man die individuelle Gesundheit des Menschen fördern und bewahren. Dazu zählen vier wichtige Bausteine, die zu einer positiven Richtung des Gesundheitskrankheitskontinuums führen. Ein wesentlicher Baustein ist der Kohärenzsinn (Sense of Coherence-SOC) der sich aus den eigenen Widerstandsressourcen des Menschen entwickelt. Durch den Kohärenzsinn werden Zusammenhänge des Lebens sinnhaft verstanden und die Überzeugung gewinnt, das eigene Leben selber zu gestalten.[37] Spezifischer unterteilt sich das Kohärenzgefühl in drei verschiedene Komponente: Verstehbarkeit, Handhab-barkeit und Sinnhaftigkeit. Bei dem Aspekt der Verstehbarkeit handelt es darum, Ereignisse und Erlebnisse des Lebens erklärbar und geordnet und nicht alle Situationen chaotisch wahrzunehmen, denn so kann negativer Stress entstehen. Das Gefühl der Bewältigbarkeit, genannt auch Handhabbarkeit bedeutet, dass man selbst dazu in der Lage ist, bestimmte Belastungen und Anforderungen zu bewältigen Hierbei handelt es sich um die emotional-kognitive Ebene.[38] Antonovsky dagegen bezieht sich bei der Sinnhaftigkeit darauf, dass jeder Mensch in seinem Tun einen Sinn erkennt und darauf vertrauen kann, dass die eigene Anstrengung nicht ohne Bedeutung ist. [39] Wenn man in allen Bereichen ein stark ausgeprägten SOC hat, wirkt sich dies nicht nur positiv auf die Aufrechterhaltung der Gesundheit aus,

---

[36] Vgl. Becker 2014, S. 43-44
[37] Vgl. Harbermann Horstmaier 2017, S.19
[38] Vgl. Loehr 2016, S.89
[39] Vgl. Paefgen-daß 2017

sondern verleiht Menschen auch eine höhere Stressresistenz und eine bessere Stressbewältigung. [40]Nach Antonovsky hängt der Kohärenzsinn, besonders von den gesellschaftlichen Umständen und der Verfügbarkeit generealisierter Widerstandsressourcen einer Person ab. Antonovsky meint, dass der Kohärenzsinn besonders in der Kindheit und der Adoleszenz ausprägt wird, da dort vielerlei Erfahrungen, Entscheidungsprozesse und das Zurechtkommen mit Über- und Unterforderung gesammelt werden. Mit Anfang 30 sollte das Kohärenzgefühl laut Antonovsky ausgeprägt sein. [41]Zum anderen lässt sich der Kohärenzsinn wissenschaftlich messen. In mehreren Stichproben, die im skandinavischen Raum durchgeführt wurden, brachte der Kohärenzsinn besonders bei der psychischen Gesundheit einen positiven Ein-fluss mit sich. Zudem verändert sich hier auch der Blick des Menschen, denn er wird zum aktiven Mitgestalter seiner Gesundheit und lernt seine Ressourcen in verschiedenen Kontexten zu aktivieren und zu nutzen. **Die betriebliche Gesundheitsförderung** bedient sich allen drei Komponenten zur Stärkung des Kohärenzgefühls im Rahmen der Führung und des Arbeitseinsatzes. Um die Verstehbarkeit der Mitarbeiter zu stärken, werden Führungskräfte dazu aufgerufen, die zu leistende Arbeit möglichst transparent, strukturiert und geordnet zu vermitteln. Die Komponente der Handhabbarkeit kann gestärkt werden, indem Aufgaben als sinnvoll und mit den zur Verfügung stehenden Ressourcen als umsetzbar erachtet werden, um eine Über- bzw. Unterforderung zu vermeiden. Eine positive Grundlage hierfür wäre, dass Jon-Rotations-Konzept, welches die Entwicklung der Mitarbeiter fördert und durch Abwechslung eine Unterforderung verhindert.[42] Ein weiterer Aspekt der für die Stärkung des Kohärenzsinns relevant ist, ist der Aspekt regelmäßiger und realistischer Feedbacks und das Angebot bei Bedarf Hilfestellung anzubieten. Zu dem wichtigsten Element zur Stärkung des Kohärenzgefühls gehört die Sinnhaftigkeit. Hier werden Führungskräfte beraten, Aufgaben einem Sinn zu verleihen und Mitarbeitern eine Wertschätzung für ihre Tätigkeit aber auch für Sie als Mensch entgegen zu bringen. Udris und Rimann (2000) ergänzen den positiven Einfluss durch soziale Unterstützung, Mitbestimmungsrechte und Aufgabenvielfalt im

---

[40] Vgl. Faltermaier 2005, S.164
[41] Vgl. BZgA 2001, S.31
[42] Vgl.Troger 2019

Zusammenhang des Kohärenzgefühls von Arbeitnehmern.[43] Finnische Wissenschaftler konnten zum einen in ihren Studien nachweisen das, dass Kohärenzgefühl bei Mitarbeitern mit einer Burn-Out Erkrankung durch persönliche Ziele, Werte und Verhaltensmuster nachhaltig gestärkt wird. [44]

3. Aufgabe B3

3.1. Aufgabenstellung

Im letzten Kapitel der Einsendeaufgabe wird das Big Five Modell nach Costa und McCrae erläutert und auf dessen Bedeutung in der Personalauswahl eingegangen. Im Anschluss wird beschrieben, welche Eigenschaften für die Auswahl von Juristinnen am relevantesten sind.

3.2. Das Big Five Modell nach Costa und McCrae und dessen Bedeutung in der Personalauswahl

Das Gesamtbild der Persönlichkeit eines Menschen setzt sich aus vielen kleinen Bausteinen und Ausprägungen in verschiedenen Merkmalen zusammen, so dass jeder Mensch letztlich einzigartig ist. Nichtsdestotrotz wird bei Menschen versucht Persönlichkeitseigenschaften in Modellen und Kategorien einzuordnen, um Vorhersagen über ihr Handeln treffen zu können.[45] Ein besonders bewährtes Modell, welches sich hierfür eignet, ist das Big Five Modell nach Costa und McCrae. Dieses Modell zählt zu den wichtigsten und bekanntesten psychologischen Instrumenten, um Personen anhand ihrer Persönlichkeitsmerkmale zu differenzieren. Es geht aus dem datengeleiteten Ansatz der Faktorenanalyse hervor. Mit dem statistischen Verfahren der Faktorenanalyse lässt sich ermitteln, welche Elemente einer Gruppe von Items zugrunde liegen.[46] In den wissenschaftstheoretischen Ansätzen kommt diese Technik häufig zum Einsatz. Costa und McCrae gingen 1979 basierend auf dem Datenansatz von Cattell anfänglich von den drei Primärfaktoren Neurotizismus, Offenheit für Erfahrungen und Extraversion aus. Durch die Arbeiten von Cattell und persönlichkeitstheoretischen Überlegungen erweiterte sich das Modell 1985 um zwei zusätzliche Faktoren Gewissenhaftigkeit und Verträglichkeit. Die Persönlichkeitsmerkmale sollten mit den Per-

---

[43] Vgl. Paefgen-daß 2017
[44] Vgl. Kähönen, Näätänen, Tolvanen & Salmela-Aro 2012
[45] Vgl. Kredding & karima 2013, S.139
[46] Vgl. Becker 2014, S.45-46

sönlichkeitsfaktoren des Big Five Modell möglichst breit erfasst werden. Die Grundlage bilden die alltagspsychologischen Beschreibungen von den fünf Eigenschaftsdimensionen. Um die einzelnen Faktoren zu verdeutlichen, werden diese im Nachfolgenden erläutert: **Neurotizismus:** Menschen die eine starke Ausprägung dieses Merkmals haben, geraten häufiger aus dem emotionalen Gleichgewicht, sind ängstlich, unsicher und sorgen sich schnell. Menschen mit niedrigen Werten hingegen sind ruhiger und emotional stabiler. **Gewissenhaftigkeit:** Menschen mit einer ausgeprägten Gewissenhaftigkeit sind organisiert, zuverlässig, sorgfältig und ausdauernd. Menschen mit einer geringen Ausprägung sind eher unzuverlässig und unstrukturiert. **Offenheit für Erfahrungen:** Menschen mit einer hohen Ausprägung an Offenheit sind wissbegierig, neugierig, experimentierfreudig und haben vielfältige Interessen, während Menschen mit niedrigen Ausprägungen konventionell sind. **Verträglichkeit:** Menschen mit hohen Werten in diesem Merkmal sind harmoniebedürftig, kooperativ und mitfühlend. Niedrige Ausprägungen dieses Merkmals deuten auf Misstrauen und Feindseligkeit hin. **Extraversion:** Menschen mit einer stark ausgeprägten Extraversion sind gesellig, gesprächig und kontaktfreudig. Introvertierte sind dagegen in sich gekehrt und zurückhaltend. [47] Costa und McCrae (1996, 1999, 2003; zitiert nach Pervin et al.; 2005) betrachten in ihrer Big Five Theorie jeden Wesenszug als eine psychologische Struktur, die jeder Mensch im unterschiedlichen Maße oder Umfang besitzt. Jedes Individuum besitzt nach Costa und McCrae fünf Faktoren mit grundlegenden, neigungsspezifischen Dispositionen. 2004 wurden von Ostendorf und Angeleitner die fünf Faktoren ins Deutsche übersetzt und bis heute in zahlreichen anderen Sprachen auch übersetzt. Jeder der einzelnen Primärfaktoren beinhaltet sechs untergeordnete Facetten die zur Ausprägung der bereits genannten Faktoren beitragen.

In Tabelle 1 auf der nächsten Seite werden die einzelnen Facetten des Big Five Modell von Costa und McCrae dargestellt.

---

[47] Vgl. Kredding & Karima 2013, S.139

Die konstituierenden Facetten des Fünf-Faktoren-Modells nach Costa & McCrae

Offenheit für Erfahrungen	Gewissenhaftigkeit	Extraversion	Verträglichkeit	Neurotizismus
Offenheit für Fantasie	Kompetenz	Herzlichkeit	Vertrauen	Ängstlichkeit
Offenheit für Ästhetik	Ordnungsliebe	Geselligkeit	Freimütigkeit	Reizbarkeit
Offenheit für Gefühle	Pflichtbewusstsein	Durchsetzungsfähigkeit	Altruismus	Depression
Offenheit für Handlungen	Leistungsstreben	Aktivität	Entgegenkommen	soziale Befangenheit
Offenheit für Ideen	Selbstdisziplin	Erlebnishunger	Bescheidenheit	Impulsivität
Offenheit für Werte- und Normsysteme	Besonnenheit	Frohsinn	Gutherzigkeit	Verletzlichkeit

Quelle: Nach Costa und McCrae (1992).

Quelle: Nach Costa und McCrae (1992)

Die sechs untergeoordneten Facetten wurden mit Hilfe von Faktoranalysen konstruiert und dienen dazu, Personen anhand ihrer Werte auf einer Skala zu platzieren. Costa und McCrae entwickelten zum anderen bedeutsame Fragebögen, basierend auf ihrem Big Five Modell, welche heutzutage zu den meist verwendeten Testinstrumenten zur Messung des Big Five zählen. Dazu zählen das Neo-Inverntory, dass Neo-PI-R, dass Neo-Pi-R sowie das Neo-FFI. Die deutsche Neo-PI-R von Ostendorf und Angeleiter dient der Erfassung der fünf Persönlichkeitsfaktoren und dessen untergeordneten Facetten. Er besteht aus einem mehrdimensionalen Persönlichkeitsfragebogen und bildet eine wichtige Basis bei der Entwicklung des Big Five und seiner anschließenden Revision.[48] Von besonders großer Bedeutung in der Personalauswahl und Personalentwicklung, sind die verschiedenen Tests, anhand des Big Five Modell aufgrund der Eigenschaften. Mit Hilfe der Persönlichkeitstest des Big Five Modells können Arbeitgeber einen besseren Einblick über die Persönlichkeit des Bewerbers gewinnen. Sie können feststellen, in wie fern der Bewerber in Hinblick auf die grundlegenden Eigenschaften zu dem Stellenprofil und den Unternehmenswerten passt. Dieses Verfahren kann sowohl online als auch schriftlich geschehen und ist ab dem 16. Lebensjahr möglich. [49] Beispielswiese eigenen sich die Big Five für die Auswahl geeigneter Führungskräfte, da dort gewöhnlich weitaus höhere Eigenschaften wie z.B. emotionale Belastbarkeit sowie größere Offenheit

[48] Vgl.Zobenig 2008, S. 24-28
[49] Vgl. Satow,L. 2021, S.10

vorliegen müssen.[50] Am Ende liegen typische Profile für Berufsgruppen vor oder ein Radar Diagramm anhand des Big Five Modells, aus dem sich die individuellen unterschiedlichen Merkmalsausprägungen, differenziert interpretieren lassen. Die Ergebnisse des Probandes können dann als Radar Diagramm dargestellt werden oder anhand eines typischen Profils verglichen werden und bilden objektive reliable und valide Grundlagen für die Personalauswahl. [51] Durch eine Vielzahl von Studien wurde das Big Five Modell belegt und zählt heute international als das universelle Standardmodell in der Persönlichkeitsforschung. Im Weiteren wird begründet, welche Eigenschaften anhand des Big Five Modells am relevantesten für die Auswahl der Berufsgruppe der Jurist*innen sind.

3.3. Die relevantesten Eigenschaften anhand des Big Five Modells für die Auswahl von Jurist*innen

Anhand des Big Five Modells lassen sich die drei für Jurist*innen relevantesten Eigenschaften erkennen, welche für die Auswahl beutend sind. Dazu zählen die Eigenschaften: Gewissenhaftigkeit, Verträglichkeit und die Offenheit für Erfahrungen. Für Jurist*innen ist es unabdingbar, Menschen egal aus welcher sozialen Gesellschaftsschicht und welcher Herkunft offen zu begegnen. Das Aufgabenspektrum eines Juristen ist vielfältig und umfangreich, daher ist es wichtig, dass sie wissbegierig für neue Gesetzestexte sind und die Persönlichkeitseigenschaft, Offenheit für neue Erfahrung, besitzen. Die Verträglichkeit ist eine Dimension, die besonders die sozialen Beziehungen erfasst. Gerade Jurist*innen begegnen Menschen, die Vertrauen benötigen und helfende Unterstützung erfahren. Jurist*innen die diese Eigenschaft nicht besitzen, treten oft unkooperativ auf. Die Gewissenhaftigkeit stellt eine weitere wichtige Persönlichkeitseigenschaft da. Das Bearbeiten von Fällen und das Fällen von Urteilen erfordert eine strukturierte Organisation und gewissenhafte Ausführung aller Vorbereitungen. Eine Unzuverlässigkeit und eine Ungenauigkeit im Handeln, wäre eine Eigenschaft, die bei der Auswahl der Bewerber in negativer Form zum Tragen kommen würde.

---

[50] Vgl. Karrierebibel, 2007-2021
[51] Vgl. Becker 2014, S.50

Literaturverzeichnis

Becker, B. (2014). Praxisfelder der Differentiellen und Persönlichkeitspsychologie, 1., Auflage. Studienbrief der SRH Fernhochschule, Riedlingen.

Faltermaier T. (2017). Gesundheitspsychologie, 2., überarbeitete und erweiterte Auflage. Kohlhammer Verlag.

Faltermaier, T. (2005). Gesundheitspsychologie, 1., Auflage. Stuttgart: Kohlhammer Verlag.

Habermann- Horstmeier, L. (2017). Gesundheitsförderung und Prävention, 1., Auflage. Bern: Hogrefe Verlag.

Hossiep, R. & Mühlhaus, O. (2013). Personalauswahl und -entwicklungs mit Persönlichkeitstest, 2., Auflage. Hogrefe

Hoyer, J. & Herzberg, P.Y. (2009). Optimismus- Handbuch der Gesundheitspsychologie und Medizinischen Psychologie.

Kähönen, K., Näätänen, P., Tolvanen, A. & Salmela- Aro, K. (2012). Development of sense of coherence during two group interventions. Scandinavion Journal of Psychology, 53(6), 523-527.

Kreddig, N. Karima, Z. (2013). Psychologie für Pflege und Gesundheitsmanagement, Springer Verlag.

Löhr, A. (2016) Seelische Gesundheit als Aufgabe der Erwachsenenbildung. Köln

Maltby, J., Day, L. & Macaskill, A. (2011). Differentielle Psychologie, Persönlichkeit und Intelligenz, 2., aktualisierte Auflage. Pearson Studium

Moosbrugger, H. & Kleva, A. (2011). Qualitätsanforderungen an einem psychologischen Test (Testgütekriterien). In Testtheorie und Fragebogenkonstruktion, 2., Auflage, S. 7-26. Berlin Heidelberg: Springer Verlag

Schmidt-Atzter, L. & Amelang, M. (2018). Psychologische Diagnostik, 5., Auflage. Springer Verlag.

Troger, H. (2019). Erfolgsfaktoren für wirksames Personalmanagement: Antworten auf demografische Entwicklungen und andere Trends. Wiesbaden: Springer Fachmedien Verlag.

Weber, H & Salewski, C. (2009). Erwartung und Überzeugungen. In J. Bengel & M: Jerusalem (Hrsg.), Handbuch der Gesundheitspsychologie und medizinischen Psychologie (Handbuch der Psychologie, Bd. 12, S. 74-79). Göttingen: Hogrefe Verlag.

Weber, H. & Vollmann, M. (2005). Handbuch der Persönlichkeitspsychologie und Differentiellen Psychologie / Hannelore Weber…(hrsg.) Göttingen: Hogrefe Verlag.

Weber, H. & Vollmann, M. (2011). Gesundheitspsychologie. In A.Schütz (Hrsg), Psychologie. Eine Einführung in ihre Grundlgen und Anwendungsfelder (Einführung und Allgemeine Psychologie), 4., überarbeitete und erweiterte Auflage, S. 394- 410. Stuttgart: Kohlhammer Verlag.

Internetquellen

(U25) Freiburg (2001). Borderline, Zugriff am 11.4.2021. Verfügbar unter: https://www.u25-freiburg.de/infothek/borderline/

Apotheken Umschau (2014). Borderline (Borderline-Persönlichkeitsstörung), Zugriff am 11.4.2021. Verfügbar unter: https://www.apotheken-umschau.de/krankheiten-symptome/psychische-krankheiten/borderline-borderline-persoenlichkeitsstoerung-740613.html

Big-Five-Persönlichkeits-Assessment (2021). Big-Five-Persönlichkeits-Assessment für die gezielte Personalentwicklung, Zugriff am 22.4.2021. Verfügbar unter: https://www.drsatow.de/publications/2018_SATOW_Big-Five-Persoenlichkeitstests_PersonalEntwickeln.pdf

Borderline Netzwerke e.V. (2016). Diagnostik, Zugriff am 12.4.2021. Verfügbar unter: https://www.borderline-netzwerk.info/index.php/diagnostik.html

Bundeszentrale für gesundheitliche Aufklärung (2001). Das Konzept der Salutogenese, Zugriff am 19.4.2021. Verfügbar unter https://www.hohemark.de/wpcontent/uploads/sites/3/Das_Konzept_der_Salutogenese.pdf

Diagnostik-borderlinetrialog (2019). Diagnostik einer Borderline-Störung, Zugriff am 12.4.2021. Verfügbar unter: http://www.borderlinetrialog.de/

Diplomarbeit (2008). Revision des Persönlichkeitsinventars B5: Skalen Offenheit für Erfahrungen, Verträglichkeit und Gewissenhaftigkeit, Zugriff am 22.4.2021. Verfügbar unter: http://othes.univie.ac.at/3563/1/2009-01-20_0060286.pdf

Karrierebibel (2007-2021). Big Five: Was Persönlichkeit bestimmt, Zugriff am 22. 4.21. Verfügbar unter: https://karrierebibel.de/big-five/

Neurologen und Psychiater im Netz (2019). Was ist eine Borderline-Persönlichkeitsstörung? Zugriff am: 11.4.2021. Verfügbar unter: https://www.neurologen-und-psychiater-im-netz.org/psychiatrie-psychosomatik-psychotherapie/stoerungen-erkrankungen/borderline-stoerung/was-ist-eine-borderline-persoenlichkeitsstoerung-bps/

Psychiatrienetz (2021). Borderline-Persönlichkeitsstörung, Zugriff am: 11.4.2021. Verfügbar unter: https://www.psychiatrie.de/psychische-erkrankungen/borderline-persoenlichkeitsstoerung.html

Springer Professional (2017). Mitarbeiter zu mehr Resilienz führen, Zugriff am 19.4.2021. Verfügbar unter: https://www.springerprofessional.de/fuehrungsqualitaet/gesundheitsmanagement/mitarbeiter-zu-mehr-resilienz-fuehren/11080094

Theodor Wenzel Werk E.V. (2021). Borderline: Symptome, Diagnose, Therapieformen, Zugriff am 11.4.2021. Verfügbar unter: https://tww-berlin.de/kliniken/krankheitsbilder/borderline